Željko Toprek

Deža vi

DRUŠTVO ŽIVIH PESNIKA

MART 2016

...!!!

Bez zareza i upitnika...
pjevaj dok život ne stane
nije bitno hoćeš li biti
poznato ime pjesnika
nego da pjesmom
provedeš
preostale u životu
dane... tri tačke i na kraju
pjesme isto toliko uzvičnika
Ne odustaj veoma lake riječi
ali kako smoći snage za djelo
pjesma mi pomaže u tome
nemoguće liječi
kad je uz mene koračam
tako smjelo...
eto jednog od načina
pusti zareze i upitnike poslije ću ih dodati
da mi ne pobjegne pa kud sam
bez nje prispio
i kad je najgore pjevati
nemam pojma kako
sam prije pjesme uopšte
i živio... tješio sam se riječima
ne odustaj!!!

A mi još uvijek sanjamo zlatna

Izgorela vatra,
vrijeme čeka da
se nova zapali,
otvorena vrata,
sva smo
pozatvarali
I to guzicom,
a ne glavom,
mi sa brdovitog
smo poznati
po tome,
malo koje nam
se desetljeće
ne dimi stravom,
Balkan tad, šta
drugo nego tone
Zapalimo novu zajedno
punu mirisne ljubavi
što nikad neće
splasnuti,
nek' u kolo zovu
oni što neraskidivim
život znaju objasniti
A ne da krešemo
pepelom po budućnosti
nije jaje još ni snešeno,
ko snese spasonosno
na Balkanu
živom će mu
Bog zaista
grijehe oprostiti
I naravno kajgana
da bi ova poruka
imala smisla,
čekanje postalo svraka
što i žuto iz nas
isisa!!!

Ali nismo

Zajedno smo jači!
Da li ta rečenica
u ovom tmurnom vremenu
ikom od nas dvoje
nešto znači,
ili smo daleko i ja i ona od
ijedne riječi te famozne rečenice,
pa smo umjesto nje kompletne
negdje u ćošku sami, mali
i nejački?!
Zajedno bi bili jači!
Zaista je tako, ali nismo,
meni još uvijek ona
ponešto skriveno
od ovozemaljske sreće
znači, nisam
baš siguran da stanem
na vlastite noge,
iako je već jedna godina
prošla kako nismo zajedno,
jer volio sam je zaista,
i mnogo i jako!

Balkanska Unija

WAU!!!
Želja mi je da se udružimo,
ispravno je ne željeti ništa
što nije dobro i što se ljubavlju
ne hvali, mislim da bi tada
mogli mnogo ljepše
da živimo, ovo liči
zaista na ništa
na šta smo ovako
razdruženi spali.
Da čovjek
ne poželi ni najcrnjem neprijatelju,
niti ko koga voli, niti se sa kime bez
interesa druži, neznanje ljudsko
za zlatnu medalju,
čovjek pojma nema za šta
mu život služi.
Oprostimo jedni drugima greške
draga Braćo i Sestre, pokažimo cijelom svijetu
kako možemo, pa da nas više niko dirati ne smije,
pjevajmo o vječnoj ljubavi pjesme,
moje srce u grudima i za vas
ovim stihom bije… baš sve vas volim, bez ikakve razlike.
Pas čovjekov najvjerniji prijatelj, bio i ostao,
ne bi vjerovali kad bih vam ja sad rekao
zbog čega je ovaj naš život postao,
bićemo samo onda kako Bog zapovijeda,
kad se bude i zadnji od njih spasao… a mi? -
ma mi smo nebitni u ovoj priči, samo smo sebi umislili kako
to jesmo, još ovako razdruženi, najbolje rečeno,
život nam ni na pasiji ne liči.

Balkanska korida

U pravu je moj drug kad kaže da ljudska glupost nema kraja,
zaista je tako, na Balkanu živi nećete vjerovati što će se
ubrzo ispostaviti jedna veoma dobra raja. Samo joj treba vođa koji
će lupiti šakom od sto i raspiriti sve đavolje planove,
živ stvor na zemlji kao i na nebu jednog dana neće znati šta je međa,
spremajmo darove.
Očekivati dobro od nekog ko nas je do juče držao za roba, a zamjeriti prvom
komšiji zato što se zove nekako čudnije nego su nas učili ovi načitani što
dobro čitaju sve kapitalističke naredbe sa zapada, nije za očekivati da nas Bog pomiluje,
jer se krši sa njegovim pravilima, a koja kažu da su svi rođeni na ovom dunjaluku
sa istim pravima. Ako su ovo zagarantovana koja oni sprovode
nek' mi Bog ništa ne oprosti gorić u paklu,
izbistrimo mi naše mutne vode,
lako je njima jer mi smo
u mraku
Tu su svi negdje iako se ne vide,
sakrili se dok ne prođe opasnost.
I mene pitanje, dokle ovako,
pomalo već brine,
kako do ljubavi kad
još nije savladan
ni oprost?!
Oprosti nam sve naše
grijehe Bože, kao što i mi
opraštamo dužnicima svojim,
ne bi se mi krili da se vodeći slažu,
ako lažu sebe tebe neće moći
Sve nas voli isto bio Janko ili Marko,
Mujo, Haso i Perica,
svakom kod njega ima
mjesta, a svima nama
poznata lica
Sa Balkana stiže raja
koja svima oprašta,
a nanijeli ste im zla kapitalisti

belosvetski da ako bude bilo Boga
nijedna molitva vas ne spasi,
nama ne možete još malo pa ništa
iako se grudvate bombama atomskim
Čekam kraj zapaljenog ognjišta
svima sam oprostio
ko mi zamjeri spreman
sam muke podnijeti
i kad me bude najviše boljelo
neću nikog mrziti. Jer mi Balkanci to ne znamo,
jednostavno nismo takvi, zavade nas pa vladaju,
dok mi ratujemo dugovi rastu
posle u miru svi gladuju i rade da plate ratu,
boljem se nadaju iako su u planu svakom
njihovom sljedećem ratu...
Da sam birao, bolje ne bih izabrao,
Mir Božiji jer biti može,
vrijeme kad Balkanu zaista
treba sloga, a BALKANCI se ne znaju
da slože. Opušteno raja sve je pod kontrolom stiže naša zora,
ne pristajte ni na kakve oblike
ratova, ko vam ga ponudi on vas zapravo vidi kao vola. Ako ću da budem tako nešto,
e onda idem u zmajevo stado, pa nek mi on pruži na dlan so, rob nikad,
za slobodu i u grob ako treba
vrlo rado. Tačnije, pustite nas da živimo, kad sve to tako dobro znate
zašto čekate odgovor od nas, jer vam je neko šapnuo
da u sebi dušu nosimo, a vrlo dobro znate da bez nje
neće da može spas. Imamo i za vas, ako budete
bili dobri daćemo vam ga, ako ne onda nek vam
je Bog na pomoći, naše neće biti da sudimo,
velike su BALKANSKE DUŠE moći,
još samo da prestanemo da se bodemo!!!

Balkon

I dušom i tijelom do nagrade - to će da uništi poeziju,
a ne što ću vam sad ispjevati...
U ovom dobar u sljedećem bolji, do najboljeg
čista duša zaista lako može, to što pišem pjesme
e to su momenti koji su samo moji,
svjedok si mi ti sam Bože...jedino njegova vrijedi,
ako ćeš da me uvrijediš reci da nije istina
ti što sudiš o nečijoj kako je loša,
kad su dva Miloša lakše se diše,
poezija će biti baš tad najbolja
kad je počne svako da piše
Sve što zapišemo biće ugrađeno,
svi smo nečiji dvojnici
poneko i više puta,
i ono što ne bude nagrađeno,
dobro će doći kad
smrt na vrata pokuca...
Glavna ispovijest slijedi,
ne očekujte nagrade
jer takvi nijednom Bogu
niste dragi, nego ništa drugo
no ovce pred klanje
ograđene zidom nečije
ograde, jer je sebi taj umislio kako
je pastir pa će da probire. Tako će nas samo
biti sve manje i manje!
Pa ako bude kao što kažu
par dana odmora, pa u nove
pobjede, duša ista drugo tijelo,
pišem iako znam da mi
u ovom nijednu neće da
dodijele
Tačnije, pišite,
pustite priče kao nije to poezija
i kako to može dovesti do njenog
uništenja, punim plućima dišite
jer nagrađen će biti
upravo onaj kom' ni jednu ne
dodijele. Ubi se lakrdija belosvetska

od poštenja, iznenađuje me stanje
ljudskog stvora koji sebi dopušta
za pravo da sudi o nečijem životu,
ali ajde na to sam već odguglao,
a još u poeziju sa tvrdnjom loša ti je
moju će da nagrade, mislim da bi radije
balegu ovčiju iz tora strugao,
nego da me tako ograde!!!

Barem bi bilo jeftinije

Što se tiče cijene grobnog mjesta
najbolje bi bilo da se nismo ni rodili...
Rodio se da umrem, a kad umrem
što se mene tiče slobodno mi tijelo
ostavite dok ga vjetar ne odnese. Do tad' će
svejedno vrijeme početi da briše moje postojanje,
tako da mi neće ni biti bitno jesu li mi tijelo imali
gdje zakopati ili ne!!!
Baš me zanima šta treba
da bude pa da se ponovo rodim???
neko će reći - umrijeti...
Odgovor je da treba prestati o sutra i jučer
razmišljati i napokon bez straha što
će život zaista jednom stati,
početi ga živjeti. Slika našeg
sadašnjeg stanja je samo
maštanje i razmišljanje
koje ne vodi ničemu drugom
osim da će nam on jednom zauvijek stati,
a mi do tad nećemo biti svjesni kako smo bili rođeni
i da smo imali pravo na sve Božije blagodati.
Duva vjetar, nosi moje kosti,
neka nosi neću da se osvrćem,
vrijeme iz sekunde u sekundu
tijelo prema zaboravu vuče,
bijem svaku, pa i zadnju, kao da počinjem
prvu rundu!
Ponekad mislim da neću izdržati,
samo ću klonuti na sred neke daleke ceste,
duša će se dignuti, a tijelo će stati
i sve će vrijeme u zaborav da odnese
Oduvaće vjetar prah,
možda ću da se osvrnem, a možda i ne,
mislim ipak da ću do tad izdržati,
kad sve u zaborav
ili u neki novi život krene.
I jedno i drugo mislim,
a znam da će duša morati
jednom se svejedno dignuti

iz uzaludnog razmišljanja
šta će od svega biti,
uglavnom šta god da bude
neće biti ni približno
slika ovog našeg stanja,
tako da opet nešto mislim
da i kad je vrijeme
za pokloniti se i zauvijek stati,
mora se naći mrva pozitivnog
razmišljanja o tome kako
zapravo vrijedi živjeti!!! Naravno da vrijedi,
ne razmišljajte šta će biti sutra
ili onog momenta kad isteknu i zadnje sekunde,
zahvalimo se Bogu svakog ugledanog jutra,
nikad se ne zna kad će da zazvone zvona zadnje runde!!!
Mislim da i kad zadnja krene
pozitivno ću razmišljati,
zaista, kad o svemu bolje razmisliš
jednom će vrijeme da vas zaboravi isto kao što će i mene,
sve ono o čemu smo maštali prestaje,
od nas će na nekoj dalekoj cesti
samo prah za prvi vjetar ostati!!! I da, ono najvažnije,
ostavite koji dinar zaštekan, ako ne budete imali mrve hljeba
ne trošite ga, jer ako vas ne odnese vjetar, grobno mjesto
na balkanskim grobljima se kreće otprilike dvije prosječne plate
tog istog jadnika koji misli i mašta o tome da će jednog dana
smoći snage, pa da nikad više i ne pomisli kako će klonuti!

Baš, baš ga je voljela

Amin!!! Mir se zaslužuje davanjem, i to ljubavi, a ne mržnje. Pitam se počesto, je li ovo svijet zaista ne zna ili se pravi lud? Sad bi moja baka rekla: sine, ne živi se samo od ljubavi. Znam bako, ali i ti vrlo dobro znaš kako uz nju i sve ostalo dođe... e da je tebe Bog htio dati u to vrijeme dok si mi o njemu pričala za lice svjetskog vođe... djed mi je bio pčelar, dvije ga bocnule, i to tako da je umro za dvadeset koraka, bio je kao i ja sada otprilike star, neko će reći, mlad, do kasno pred spavanje mi je o njemu znala pričati baka. Njega nisam upamtio... pa bio bi mir osiguran sigurno i to ako ne zauvijek, do našeg kraja života milion na sto... tih je koji život ne vole! Da je obrnuto ne bi ni bilo tmurno i oblačno, i kad je baš tako!!! Nikad ne recite kako znate sve, ni minut prije smrti, ljubav da nas ogrne dok grmi pred oluju, samo sa njom možemo u miru vječnom živjeti... kako? Pa jeste vidjeli nekog da zna šta znači istinski voljeti život, a da na nekoga puca? Naravno da niste, jer taj koji preferira rat je ništa drugo nego idiot (što će i vrijeme pokazati) pravi pravcati pljusak, u njega ti moj meni najdraži koji ovo čitaš dok ja pišem, nisu u glavi baš nakane čiste. Što mu na kraju takve prljavštvine osvane, i duša tako oblačna i smrknuta, skratio bi' jer se život broji svima koji dušom danu, kad se sve sabere i oduzme, ništa drugo nego glava luda. Oblačno i tmurno,vrijeme pa će za počivanje, u miru da će biti nadati nam se, bilo bi lijepo kad bi to naučili i živi raditi, inače će da nam uvijek bude oblačno i tmurno stanje. Hoće li treći svjetski rat? Nadati se je da neće, jer ako bude i onaj koji bude ostao živ neće bez štapa moći hodati. U tome je bila razlika, on to ne doživi, dok se baka štapala posle njega nesmalim punih dvadeset godina. imao sam prilike za saznati mnoge stvari o mom djedu, kojeg ubiše dvije, a on ih volio više od sebe, taman bio dobio kao i ja sada kosu prosijedu, za vrat mu sjedoše malene pčele. Jedna ga je tu i ubola, a druga produžila ispod oka, Baka je dugo plakala jer ga je mnogo voljela, da ne bude pretjerano ako kažem, baš, baš, kao Boga!!!

Baš ih volim pisati

Tu gdje se bojim tu pjesme pišem,
usput se brojim da postojim
i ništa više
Tu gdje živim e tu se brojim – pa opet:
tu gdje se bojim pjesme pišem...
volio bih nekad da ne postojim
i ništa više
Ali eto pa se bojim,
zato pjesme pišem,
zbog njih volim
što se brojim da postojim
i ponekad ništa više!!!

Bez duše ljudski život vrijedi ništa

Mi na slici sveopšteg postojanja
kao i da ne postojimo,
toliko smo mali da se
jako ne vidimo,
iako smo tako sitni mi
zapravo možemo više
osim da neprimjetni
živimo!!!

Bila si tiha

Sve pjesme jednu po jednu brišem
Napisane su bile previše dugo
Kad prvu napisanu obrišem
Krenuću ispočetka sa starom tugom
Počeo sam jedno veče dok sam te čekao
Bila si tiha kad si se vraćala
Sve sam ti u toj prvoj pjesmi rekao,
Čitao sam ti dok si me poljupcima plaćala
Pa nek se sve sad briše, kad je obrisao život tebe
Nek' briše i pjesme
Ja se vraćam staroj tuzi
Obrisan kao tabla posle mokrog sunđera,
Počeću nešto novo, možda da popravljam česme,
Pjesnik je svejedno neka vrsta samoukog dunđera
A kad zavrnem dušu da ne teče
Prestaću zauvijek tužno disati,
Jedino ako me platiš onim tvojim poljupcima
Mogao bih ti dvije tri riječi napisati...
Pa ću posle i njih obrisati!!!

Bog

Gledam u daljinu
u divljinu
u tuđinu
u množinu
jer tako treba
oko sebe gledam
fali dio neba
iza ugla mjesečina vreba
stare cipele pričaju
pjevaju
putevi sviraju
cipeliraju
zato što to tako ide
jer svi vide
divljinu
tuđinu
množinu
a ne vide prazninu
i sve je tako daleko
divlje i tuđe
a tako ga ima dosta
meni je reč glavno oruđe
riba je deo popovog posta
i tako dalje
divlje i luđe
bilo vas vazda mnogo
koračam levom nogom...
U meni reč zovu ...!

Braća pasuljaši

Svijest gladnih ne ide dalje od kazana,
što naše guzonje koji zakuvavaju
balkanske nemire vrlo dobro znaju,
pa koriste... stiže vrijeme kad će da se
kuva zajednički za cijeli dunjaluk,
ako ne budete znali od srca
u život dodavati začine ljubavi
biće bolje da živi i niste!!!
Volimo se!!! Ili vi to prdonje
što žuljate fotelje našom mukom
zarađene ne želite da bude tako?
Koliko god je do njih i do nas je...
Pa sto mu gromova ne mogu nam
zabraniti da volimo,
volio bih i pod prijetnjom
kako će mi život do zadnjeg
dana biti popunjen
čistim paklom, posle zadnjeg
isti će da nam sudi, tako
da baš me zaboli
dok je bakinog recepta
ima da volim cijeli svijet
i kad mi za obrok
ne bude našeg
nacionalnog jela!!! A deremo ga
i za ručak, i za doručak, i za večeru,
nismo mi Srbi, ni Hrvati, ni Muslimani,
nego braća pasuljaši
zahvaljujući svijetlim glavama
koje nas vode ne putem ljubavi,
nego pušaka i rata, sanjamo
uz tanjir vrućeg da imamo i
hljeba kore. Ništa tog kruva ili
ga zovite kako hoćete, mi smo svejedno
gladni, a ako bi moje viđenje
kako ne poduzimamo
ništa da to promijenimo,
zaista smo jadni!!!
Ljubav je jedini način kojim

možemo učiniti svijet
u kome živimo boljim,
to ti nije pasulj trešnjo
ni sa njime kad se
krčka u bakinom loncu
njemu odgovarajući začin,
nego pokušaj da ne
završimo sa
još stanjem gorim!!!
Ako ne pokušamo ništa promijeniti na bolje
čak neće ostati sve isto nego će biti gore,
tek kad svi nauče svijet ovaj u kome
ništa nije dobro da neizmjerno vole,
e tad će da bude bolje
zaista svakome... od pucanja na planeti
biće dozvoljeno samo kad neko
pretjera sa meni bakinim najboljim specijalitetom,
inače zaista je bolje za naše takvo sutra
prditi nego što ovi rade da nas ne dočeka gore... LJUBAV!
pa to je i moja baka znala,
ni jednog jedinog razreda škole nije imala
sve od sebe u taj recept je sa ljubavlju dala
nijedna kuvarska majstorina ne bi ga
bolje od nje skuvala!!!

Crno – bijeli svijet

Osjećam kako stiže,
gospođa u crnom bijele puti,
iz tijela me nježnom rukom diže,
živ čovjek zaista šta ga čeka
kad umre i ne sluti
Kao svadba kad se dvoje vole,
ima nešto što veže smrt sa rođenjem,
mrzim ponekad što ove riječi budu moje
nije umrijeti ništa naspram
kad duša doživi za života
od svog tijela oslobođenje
Kad umrem bacite me u rijeku,
dok sam živ umiraću za pjesmama
čujem izdaleka njenu jeku
ne znam je li svjetlost ili pak je tama…
Ne pitam se više šta me čeka, uživam u životu!!!

Crno na bijelo

Ostao sam u bunilu
buncam danima
nešto slično ludilu
iz kojeg viri rima,
pa se zbunjen rimujem
kao pjesma
da izviren budem
gura me kroz tunel istina
Crno na bijelo u obliku slova
riječi su rijeka
koja ne teče
Na dlanovima sudbina
pomiče liniju
prema novom prekidu,
laž je da nije istina,
smrt je najviše slična
zatvorskom zidu
Kašikom vrtim rupu
da se izvadim na drugu stranu
iz džepa vadim iglu
da zakrpim oko
na starom kazanu
A život?
Život je upravo sa ove strane,
gospodin i gospođa bušilica
u rukama zbunjenosti,
kad se proširi na tren vrijeme stane
da nam sloboda grijehe oprosti...
Posle oprosta ekipa očisti kosti
da se mogu igrati vrane.
One umiru sa našima
u kljunu, a meni nije jasno
zašto sam zbunjen
u ovom ludilu koje nema veze
ni sa rupom, a ni vranom,
pišem pjesme
dok kosti ne istrunu
ako zapišeš današnji
ne prestaješ sa poslednjim danom...

Jesam ti rekao da zbunjuje
kao ludilo iz kojeg rima viri,
ne brini,
u nama neko stanuje,
pa mu se ne da da žmiri
hoće da živi...
Zato sam još uvijek mišljenja
iako sam zbunjen (lud,normalan)
da je pjesma spas svih budućih pokoljenja
I vjerujte pjesnik će dobiti posao stalan,
plus dva mjeseca staža na godinu i jedan
za svaku istinu
ako iz šešira izvadi zeca,
kao iz zemlje ratnik bez ruke minu
Dotad evo grijemo besplatno još jednu zimu,
uoči ili sad već poslije Nove godine,
sijemo rimu po sred ledine
da bi se oslobodili...
K'o ljudi bez dana i mjeseca
veliku bitku za nju su vodili,
da bi na kraju crna ruka
iz šešira, izvadila zeca!

Čast izuzetcima

Misao pade na moje ruke gole,
nisam izuzetak
rane me previše bole
ja sam više za novi početak,
izuzet iz gomile i onih što žmire,
koračam u gornje redove,
odakle je sve ovo i počelo,
davim pjesmama napirene vampire
stavljam prst na čelo,
prenosim misao, teška mi postaje
ruka se trese
iz srednjeg mozga ovu sam prepisao,
ako nijedna - ova će da vas odnese.
Gdje? Gdje i mene nosi svaki dan,
izuzetog iz gomile
i onih što žmire!

Čekam te

Dugo te nema već je godina,
promijenila kaput sjena,
nisam svjestan
šta je u stvari
od tog našeg odijela istina,
samo znam kako te nema.
Ne tražim te jer te je vrijeme
već odnijelo sa starim kaputom,
čekam valjda da i drugi krene
prašiti baba ljeskovim prutom.
Da, baš se odužilo iako je odjužilo,
možda nećeš ni doći,
crno je okružilo,
ja se nadam i ove noći.
Nada umire zadnja kad se izližu rukavi,
popravi sreću grobarska radnja
ona nepoderivo napravi.
Zato ću ovdje stojati
i kad prođu snjegovi,
kao slovo lj...
nadam se da neću nikom' smetati.
Pa ti navrati
kad te vrijeme u moje pjesme vrati,
ja ću čekati!

Ćiro

Voz za nigdje upravo kreće,
znam da trebam negdje,
ali se ukrcavam baš na njega,
isuviše star da bih vjerovao
u neki vid sreće,
svjestan konačno
da ne postoji mjesto
vječnog bijega,
Osim što je u nama,
smještam torbu
punu pjesama iznad glave,
u vagon će svi što nigdje
ne idu, a trebali bi,
jer gruda nam je postala ponosna
tim što si sretan ako
njoj ne pripadaš,
pravila važe
koja ni životinjama
nisu jasna,
ostajem ipak pri tome da
ova ispovijest istinu kaže,
vrijedi mnogo Balkan
kad je u pitanju
da se pjeva pjesma
On je za pjesnika postao
muka, na njoj se poznaju junaci,
isplati se i ona ako će bar jednu zajedno
da zapjevaju Balkanci, pa posle nek zadnji
put, čujem pištaljke zvuka!!!

Da smo znali zaustaviti vrijeme, još bi sanjali

Te noći sam sanjao
da si kraj mene
gnijezdo svila
ja sam ti u snu
grančice poklanjao
da bi ti postelja
što nježnija bila
Slatko bješe
u tom snu
dok grančice
ne popustiše,
dve ptice na dnu
ni riječ ne izustiše
Posle stigla tuga,
ne sanjam te više,
gruba postelja
tijelo turpija,
dok opiljke od kože
skuplja noć duga,
život tužno tijelo svija
Leti leti moj golube
brzinom oluje nosi pismo
mojoj dragoj da se obraduje.
Obraduj se draga kad doleti golub brzinom oluje
i kaže ti da te još uvijek volim iako smo gnijezdo
srušili do zadnje grane,
sve je bilo kao u snu
samo nismo znali kako da ne svane.
Sad sam budan i prebudan
u snu nisam bio od te noći,
možda nije bilo do nas ili je jutro moralo doći
Ne žali lastavice iako smo pali
bilo je nježno, najnježnije gnijezdo
sve smo snu od sebe dali,
obilježili nebo našom zvijezdom
Jednom kad se popnemo gore
bez jutra vječno ćemo sanjati,
dotad nek opiljci bole
i život kao i ta noć će upravo jednom stati

Sve bude da prođe
bili smo da zabilježimo
neprolaznost koja postoji
kad mi u san ponovo dođeš
ima vrijeme ljubavi baš vječno da stoji.
Jesam ti rekao da ne naviješ tu vekerinu od mog djede
taj je probudio jednom dva jutra,
u krpe i čekaj da nas smrt do zvijezde dovede
značila bi nam sada i pišljiva minuta
Minut do sna, od njega do novog skoro pa ništa,
tako brzo prođe vrijeme kad se dvoje vole
posle za taj jedan, dva rane bole,
tako da bi bilo najbolje
da se u snove sa satom i ne ulazi,
inače zvrči baš kad je najslađe,
kao da noć trči takva bješe,
od svih sretno probuđenih
nas baš ono nesretno nađe,
eto ti ga dedin sat,
za sreću nije prolazna dvojka,
tika-taka-tak... pet puta sam ti rekao da ga ne naviješ,
a ti ga navila da obnovi zvrku,
nadam se da negdje slatke snove snivaš
dok uživam natenane svaku noć mrklu
Ne navijam ga više taman ako san prevarim
da se nikad ne probudim,
moj golube zaboravi joj reći
da u jednom sve ovo piše,
odnesi joj onih stotinu u kojima je,
baš puno ljubim.

Davanje ☺

Davanjem, a ne uzimanjem imamo više,
mada blagostanje stiže tek kad nam
više ne bude trebalo ništa... Bog mi reče
da pjesme pišem nije do mene,
pa reko čisto da znate kako mi je
jer bol je svima ista, varira u frtalj,
nekog više nekog malo manje,
svako će na kraju pasti mrtav,
a kojem mrtvacu još treba imanje...
Pa ako tako šljaka i u budućem
neću se ljutiti, pjesma bude svaku bol izliječila,
naše bi bilo samo to, da počnemo pjevati –
ako ne prestane dođite svi da mi pljunete
u moja usta lažljiva, dušo šapni mi šta ti je on rekao,
kako su pjesme naša istina... kako Bog zapovijeda
ili kako vidi, zavisno od toga
ko koga gleda, uglavnom se sa pjesmom
bezbolnije život živi
Rane pune soli, boli da čovjek
pomisli kako sve ovo neće
moći dalje, no međutim sjetim
se kako pjesmu i Bog voli,
njom mi melem za svaku šalje
Idem dalje kao i da ne boli
nek' soli život jedan bola vrijedan,
i ja tebe Bože volim,
preću ako treba za pjesmu i preko
vode žedan, al' da se bolan umije
dajem da i on ima koliko mu treba,
uzimanjem imati više to istina nije,
pa taman bila mrva soli na kori hljeba
Idemo do neba sa kojeg vječni dan sviće
boli i mene kao i vas što boli
što se priča ili je bilo ili biće,
pa će svako svakog da voli...
Boli će nestati,
vjerujte mi na riječ i ja vjerujem,
od nas će ništa postati,
kad bih rekao da ništa

isto neće ostati mnogi bi
rekli kako pretjerujem
Međutim, nije tako,
da jeste ne bih pjevao koju mi daje,
rane vrište ja se klimam zadovoljan
što živim, postojaću dok
on ne kaže ne pjevaj dalje.
Jer što slijedi na trenutak
čovjek ostaje sam sa njim,
kako mi bude, sve nas čeka isti,
volio bih samo još jednom da me
babice probude, pa da mi od sreće
srce vrišti.
A ono sve kako
Bog zapovijeda, ljubav cvjeta na svakom
ćošku svijeta, al' nije bitno i ako ponovo
ne zaplačem jer svaka pjesma mi je bila
zaista života vrijedna!!!

Dobroćudna ovisnost

Taman sam tu gdje trebam,
poezija kao i sve druge ovisnosti,
što moja baka znala reći -
„ neće ti pjesma sine donijeti hljeba,
kome je neka ovisnost
donijela koristi!"
Ništa ne očekujem,
samo ih pišem!!!

Ekser

Čemera mi dajte da ne gledam tugu očima
jer otkad spoznah kakva mi je životna namjena
probijena stopala sanjam noćima,
pa tako i ruke, prave noćne muke,
kakve bolan more,
kad mi se suze posle buđenja
još vide u očima
Častim pivom čovjeka bez noge,
stao na esker u vrijeme prošle
poplave, strefile ga muke mnoge
od njega bi grob da naprave
Odsjekli mu je kad je otrov napao
i dalje je plavilo on nogu spašavao,
taman kad je vodostaj opao
doktor djelo dovršavao
Razmišljao sam kako bih sutra
otišao onim istim sokačetom
kojim prođoh danas,
pa da mu ponudim rješenja
mnoga za njegovu muku,
onda se sjetih da ja nemam
moći Boga,
to što mu mogu ponuditi jeste samo
da podijelimo tugu
Pa kad sve saberem i oduzmem,
on bi meni pomogao, a ne ja njemu,
uporedo gazimo pakao,
takoreći isti smo u svemu...
Jedino što ja pivo nisam nikad voleeeo
i kad se zaroštilja, danas se već gozbe spremaju u ime te poplave,
hrđav esker vremena u dvorištu klija, još samo fali troglava zmija
i pakao bi zasjao, u kojem ni onaj bez noge ne ostvaruje prava __
jer nije zbog vodostaja visokog - bez nje ostao!!!

Hvala ti Bože na ukazanoj

Kako vrijeme odmiče
sve sam više siguran
da će ljubav na kraju
pobijediti, svi ima
da žive do smrti, a
poslije slijedi nastavak
priče, nastavljaju
samo oni koji
su za života
naučili voljeti... ljubav je veoma širok pojam,
jedan po meni najširi i po tom pitanju nemam dileme,
koračam dignuta čela zajedno sa vremenom dok
tijelo mi ne padne i dušu izdane, tačnije, svjestan
da smo rođenjem dobili priliku naučiti voljeti,
i tako sve što Bog poima pod svoje,
pa taman i ne bilo nastavka kad
prilika prestane!

I kad je najgore

Nije sve tako crno
kao što se čini,
niknuće i naše zrno,
neće baš sad jer
poezija još
uvek ne paše većini
Posijmo pšenicu ljubavi,
nek se talasa na vjetru,
biće roda obećavam
pod punom materijalnom
i krivičnom odgovornošću,
klici ljubavi sam Bog će put
da napravi,
pa kad naraste, a srp zapne
ima da se cio svijet
popravi... koji zaista
izgleda tmurno
u ovo olujno doba
ni roda ni poroda,
a da čovjek svjestan
duše ne zaplače, kad
vidi gdje ljudski
stiže,
od Boga savjet, ko vidi
slično nek pjesmu
oproba jer ona zaista
do njega diže, tačnije,
što nas više život bije
mi pjevajmo jače i svijet
će da se razvedri,
pa će rujno sunce
da sazori pšenicu i
u rerni okori pogaču
za koju ne dugujemo
nikom osim Bogu,
dok na kraju ne zasijemo
bjelicu.
Pa će i smrt
dobro izgledati zakićena

klasom, da se ne brinemo
hoće li potomci ostati gladni,
kakvo je vrijeme i dužni su,
bez poezije života
izgledamo zaista jadni
Zato vam još jednom
ponavljam da nije sve tako crno kao što se čini,
sve glasnija pjesma Bogu javlja
da nas ima još vjernih istini,
a ona je ljubav!!!
Poezija je manje bitna ako
ne dopire do nje neko će reći,
mene ponekad okrepljuje svaka,
bolje nego neka nevolja da me stigne,
ne stidimo se ni uroda sitna
i od njega će pogaču nekom
da napravi baka - dakle, opleti!
Motike u ruke i da se ori,
neću da čujem pa crno je
ne bi možda trebali,
grmi i ako Zemlja gori,
da nam se potomci
ponose kako smo
i kad je bilo najgore
pjevali!!!

Istina

Zaista istina postoji,
žuti list pada kao jedna čista,
u jednom takvom letu
živi i ovaj naš mali svijet,
htjeli ne htjeli svima nam je ista!

Jama

Ne treba biti pametan da skontaš
kako nešto ne valja sa nama,
čim ne koristiš ljubav
u kontra smjeru
biciklo života
vintaš,
da bi na kraju
svakog ionako
dočekala
jama
Upoznao sam pakao,
pa ga se više i ne bojim,
naše je stići do cilja,
a da znamo voljeti,
iako će nas možda
već sutra strefiti
sljedeći, mi i dalje
u mržnji nastavljamo
živjeti
Jašta nego pakao, kao
da se ja nje bojim, pa ne učim
letjeti, nego voljeti!
Što opet
znači kako je za odgoj
naše djece u duše dostojne zastave
sasvim u redu poezija,
učite ih duhovnom vintanju,
neka pjesma bude dio
svakodnevne nastave,
pa da im duša sutra bude
svjesnija... čega? Pa postojanja J.B.T
Pošto evo zabrljah na kraju,
moju nemojte čitati njima,
barem ne ovu, psujem
bez potrebe, a
kao pronašao raj,
mnogo je dobar
osjećaj biti dio životne poezije,
još kad u njoj znaš

kako nikad neće
doći kraj.
Hoće, ali ima sljedeći... šta ste mislili,
mi ćemo to griješiti kako hoćemo i nikom ništa???.
Vidimo se poslije jame da mi kažete kakav je osjećaj!!! Comunicatione i sa celijem
Balkanom, iako me razumijete pravite se da to ne umijete,
koji je ako ovako nastavi
pred još jednom svojom jamom...ništa ni ostatak svijeta nije bolji!!!

Jedan je Bog

I njima i nama će suditi isti - stisni zube Balkan
dok ti ne progledaju ptići,
pa će biti obro zapad bostan,
i to kao zauvijek kraj toj priči
Možeš ti misliti dokle je taj zapad stigao kad
su mu glavni ciljevi još uvijek na Balkanu,
možda im je neko šapnuo da će se kod nas
roditi neki spasonosni koji bi i njih spasao,
boje se valjda bez spasa da ostanu
Može i drugačije, no ne znam
da li će vam se svidjeti
druga strana medalje, još nam
je dijete svačije njihov rob,
a kao iza njih se krije Bog
koji će samo nama suditi, a njima neće!
...nastavlja se,
pa ćemo da vidimo kako će da bude!!!

Joj

Balkan, Balkan,
nedođija, đija
rokenrol kako
da propadnemo,
to je život moj
i tvoj, joooj Moravo,
joj!!!

Jutarnja molitva,
pred ogledalom!!!

Gospode, pomiluj nas,
baš isto kao što mi druge milujemo,
uvedi nas u iskušenja i dok ne
zavolimo ne daj nam spas,
ljubav je jedina istina,
zbog nje živimo i postojimo
Zašto nije bolje i zašto
nam pored silnih molitvi
Bog ne pomaže? Šta vrijedi
pomoć, kad ljudi
još ne znaju da vole,
a takvi džaba i od
neba pomoć traže.
Nije na nebesima,
niti ispunjava želje
onima koji ne vole,
Bog je u nama,
kuca u grudima,
samo sa tom
spoznajom
sretni će na zeMlji
ljudi da žive. Ma ne, nisam
ja neki vjernik, niti propovijedam
nove poteze u otkrivanju Boga,
od krvi i mesa, kao i vi, čovjek,
pa ako postoji da nas nauči sve voljeti,
od mene ova skromna
molba. A ako ne postoji?
... pa barem ćemo da volimo!!!
Ako išta mrzim,
to je brijanje.

Kakav divan dan, a opet tuga – golema!

(Mržnjom ne idemo niti gdje stižemo,
tačnije, bezveze se za išta pitamo
ako ne spoznajemo najveću
nauku od svih – Ljubav)
To smo što smo tog trenutka kojeg živimo,
ostalo je sve sjećanje i maštanje,
iskoristimo svaki tako da
život volimo, pa da nam stigne
spoznaja zbog čega zapravo
postojimo.
Dokle i kuda idemo,
možda do sljedećeg
minuta, a možda
nigdje, zbog čega
uopšte živimo,
treba li čovjek
uopšte negdje
da stigne?
Ili ne trebamo
nigdje ciljati?
Tu smo, gdje smo,
brojimo čekanje,
jedino što bih
iz iskustva mogao
reći kako
se isplati
voljeti,
tad bi se
život nam
mogao nazvati
kao pravo i
ljudsko
postojanje... zapravo, ni to nije bitno,
jer su već pojedine životinje izbistrile tu nauku
da je pitanje dana kad ćemo dobiti

i pismenu potvrdu kako se više ne
trebamo truditi, što se nas tiče,
jasno je i milom Bogu,
nema nam nigdje i nigdje nećemo stići,
ako ne spoznamo kako život voljeti.

Kuc, kuc

Za sve postoji zadnji momenat
ko se na zemlji rodi
iskuca vrijeme i poslednji
koji će svako na njoj da vodi!!!

Kuso

Bio je juče, danas više nije,
mali kusavi od majke mješanke,
sad već na nebu mirne snove snije
nije se stidio niti kratkog repa, niti
svoje majke.
Izašao je kao i svako jutro,
kusavim drmao od sreće,
podne je već za njega bilo stanje mutno,
točak automobila mu je rekao
kako živjeti više neće
Hoda danas šarena sa suzom u oku
maše repom iako znam da je duša boli
za kusavim sinom,
svjedok sam bio dok je mahala
mnogo velikom bolu,
pao je još jedan što se
ponosio istinom... Iako kusav i od majke mješanke,
koju samo Bog zna kako je vrijeme donijelo u moje dvorište
gdje ga je i okotila, do zadnje se ponosio time što je dobio priliku
živjeti, i ona se njime mnogo ponosila...
Sanjaj najljepše maleni, zaslužio si!!!

Lagano umirem

Padam kao kiša u pustinju,
skičim u dodiru sa pijeskom vrelim,
kao kad ograde debelu svinju,
pa iza tarabe klip kukuruza želi
Eto tako se topim na žegi
ne služim niti šta dajem,
samo se ograđen divim svojoj pjegi,
lagano umirem
dok drugi to zovu da trajem!!!

Lice od čokolade

Pišem ti pismo ako odem iznenada,
neću spominjati neke ustaljene riječi,
ionako je sve u našem snu bilo osuđeno da strada
od nas dvoje to nijedno nije moglo da spriječi
Zbog toga ti i pišem,
još uvijek se ispovijedam tebi u dugim noćima
kad se uvjerim da te nema tjeram se da dišem
sva istina za tebe još uvijek stoji u mojim očima
Nisam ti rekao da više ne jedem čokolade
nekako mi nisu slatke i ne primjećujem ih više
sve je bez tebe postala tišina koju tužna muzika krade,
pišem ti tiše da mi dođeš kad počnu padati jesenje kiše
Naš drug stiže iz inostranstva ovih dana
mnogo sam ga poželeo
niz lice od čokolade silazi suza slana,
priznajem - nikad nisam volio čokolade koliko sam tebe volio
Tebi nikad nisam znao lagati
pišem ti zato što ne volim živeti bez naše istine
posle svega čokolade počnu zli trgovci vagati
kao za vrijeme kiše kad oluja suvo lišće sa grana skine
Običaj je na kraju pisma napisati „volim te"
ali neću koristiti tu tešku riječ držim obećanje
ovo je samo deo jedne tužne istine
u kom dižem u visine naše propalo trajanje...
A volim te još uvijek više od svih čokolada na svijetu!!!

Ljubav pod broj jedan

Da niste možda zaboravili,
kako neće ni ovca bleknuti,
i mi ćemo nestati?... Ne voljeti direktno
od Boga znači provesti život u zabludi,
najbolje bi bilo da to naučimo
prestati - volimo se draga Braćo i Sestre!!!
Ljudski rod još i ne zna zašto se rodio!!!
Što moja Baka imala običaj reći:
možeš koliko hoćeš i kako hoćeš,
ali dokle ti hoćeš, sigurno nećeš moći,
dusa se u prsa,
a kad se uzme sva na
ovoj planeti, ljudska populacija
je trenutno najnemoćnija... Živa, a mrtva!!!
Alternativa ne postoji,
kao priče da ćemo se izliječiti
nekim svetim vodama,
ako ljubav ne spoznamo
završićemo zauvijek
na zemlji živjeti,
a spoznaja
je najjača kad
se do nje dođe
sopstvenim snagama,
ne treba nam ništa,
ni ovce ni pare,
u nama je Bog,
a sve ono što
postanemo trčeći
bez frule sa vrećom
dozivajući upomoć
nije, čovjek tek kad sve
oko sebe kao i sebe zavoli
dobija moć, pa ondaneće morati se
poljevati kao
kakvim svetim,
i postaće biće
dostojno jedine
istine!

Ljubav

...veoma složena riječ
što se tiče njenog značenja,
voliš svim srcem, pa sutra
ne voliš, nego mrziš iz dna duše,
ako tako volimo onda se
igramo vremenskog traćenja,
tu snažnu riječ ako je prava
nijedna trajanja ne ruše.

Ljubav će pobijediti

(kako ljudski rod još nije ratove savladao,
prije da će kurije oko progledati)
Nemate pojma koliko se tome radujem,
da mi je samo jedan tren doživjeti kad to bude,
pa odmah sutra neka umrem,
ako treba i zauvijek
Svaki dan proveden bez ljubavi
ni u pola nije vrijedan koliko
onaj kad sve kao i sebe volimo
MIR BOŽIJI, DRAGA
BRAĆO I SESTRE!!!
Nema kraja, a ni početka,
sve u isto vrijeme
i počinje i završava,
taman zrijemo kad
u polje stiže žetva,
tijelo umire,
duh naš nastup nastavlja...
Šta ako je tako???
A mi samo nešta počinjemo
i završavamo, ljudski rod
osim sebe nikog ne voli jako,
isto kao da mu i tijelo
nastup nastavlja - ovako nije sigurno!!!
Završićemo isto kao što smo i počeli,
samo se mi još ne možemo sjetiti
odakle smo stigli i gdje idemo,
najlakše bi bilo da shvatimo
kako bi i druge kao sebe voljeli
i kad liježemo u grob da se iz tijela dižemo... Bez ljubavi
nema nikakvog dizanja. U ovo se već smijem i kladiti!!!
Ne morate mi vjerovati, ja vas stvarno tako,
sve bih vas mogao od srca zagrliti i poljubiti
Oprosti mi Bože sve moje grijehe,
kao što i ja opraštam dužnicima svojim.
Želimo valjda toliko da na djeci
barem gledamo osmijehe,
rodio se nisam da živim
ako sve kao i sebe ne volim,

inače nisam ni ateista ni vjernik,
 običan čovječuljak sa Balkana,
želio bih da na njemu bude bolje,
a pojma nemam jesam li stigao ili trebam ići.
Neizvjesnost za sutra bez rata treperi u vazduhu,
ljubav i njega može savladati,
ma šta savladati, požeti ga kad god se sjeti,
rat će zauvijek umrijeti,
naše je draga braćo i sestre Zemljani,
samo – sve kao i sebe naučiti voljeti
(da ne skučujem što je već i previše skučeno)
Najbolje da to još sabijem pa da nam
pokažem zaista ko smo i šta postali
zbog nedostatka ljubavi. Ma ne,
niste me dobro shvatili, volimo mi sebe
baš toliko koliko bi trebali i druge,
samo smo još što se tiče šireg pojma ljubavi,
neupotrebljivi - zeleni za ikakve žetve!!!

Medalja časti

Oživimo poeziju jer ona liječi
najuspješnije sve rane koje su
se (kao same) jedne drugima nanijele,
trebamo dušu svjesniju,
a ne da bi nas noge do neke
svjetske medalje odnijele. Vidite
da Nikoli ni dan danas nisu baš
svi skinuli kapu, došao im na koljenima
upalio svjetlo da bi mu oni njegov dom
i posle mnogo godina iza njega držali
u mraku... Ako svi odemo
nastaje vječni, Balkan niko ne voli
kao što ga vole oni što na njemu žive,
pjevaju iako ni blizu nisu nekoj sreći,
malom se računu od elektodistribucije
ko medalji časti dive...!!!
Mir na Balkanu za sva vremena
je izvodiva misija, no za njega
braća i sestre Balkanci nemaju volje,
ni konji više ne vuku topove
jer smo ih skoro sve zatamanili,
za to vrijeme smo za medalje
odredili lopove, jer su nas
u mnoge provalije za sitne
pare vodili. Izvinite me
ovaj put zaista ne mogu
za ovim ludilom, moram
mu se oduprijeti,
tu mi je mjesto,
Balkan dom,
na njemu sam rođen,
na njemu ću i umrijeti...
Po cijenu da prije nego
što odapnem kao zadnji ugasim svjetlo,
kojim tempom koračamo
ako Bog bude htio da budem zadnji,
mogao bih to vrlo brzo doživjeti!!!
Odlučujući korak već je zakoračen
tu ni poezija ako nema volje

neće da pomogne, vatrom pakla praćen,
gura ljudski rod na Balkanu
prema provaliji svoju dušu
kao da mu ona ima četiri noge
Ko zadnji sa Balkana neka gasi
svjetlo i ti si Tesla bježao,
više nam ništa na ovom brdu
nije sveto, svako bi na svakog
najradije režao!!!
Ja ću korak po korak u poeziju
pa kako mi bude,
ne bježim jer samo se Boga bojim
znam da u ovo vrijeme je pišu
samo velike lude, baš mi se na
Balkanu zbog nje postoji.
Oprosti im ne znaju šta rade!!!
Neko reče: ne opraštaj znajuuuu
oni to vrlo dobro pa čak i bolje!
Ima, što moja baka znala reći, nade,
samo za nju nema volje,
(PJESME ĆE DA NAM JE DAJU)!!!

Minut kao godina

Nestala je kao da nije ni bila,
ljubav je na nestajanje pristala,
prestala biti živa, pišem
iskreno kajanje!
Kajem se što sam dozvolio,
volio je jesam u kajanju tvrdim,
nisam je dovoljno molio,
na sebe se neizmerno srdim
Bilo kako bilo više nije,
minut šutnje za prestajanje,
tužan deo melodije
sviran kroz nestajanje…
I tako se sve završilo
na sličan način kako je i počelo,
htio sam biti s' njom odličan,
odlično nas moje u propast odnijelo…
Posle je boljelo, baš isto
koliko sam je i volio!

Mir Božiji

Pjevajmo o miru,
očigledno je da bi nam i Bog
to rekao kad bi ga pitali,
učinio bi da sve pjeva
što se mrda ili liči
živu, pa bi se svi
u dobrom voljeli
Pitaj ako ne znaš,
pitati nije sramota,
očigledno je da i ne pitam
Boga šta mi je činiti
jer pjesma koju
pjeva mir,
za sve bi bila
dobrota!!!

Mir

Ljudski rod hrli prema propasti vlastitoj
i to po ko zna koji put na najgori način
igrajući se rata, obliva nas nesmalim
mrtvački znoj, puca brat na brata!
Ako se uzme u obzir da vodeće sile
pokušavaju obezbijediti mir
tako što zapomeću rat,
nije ni čudo što od nas
svako u njemu ima priliku
da pogine i to u najgorem
obliku smrtnog čina, da
mu ga priredi rođeni brat!
Dobro i loše...
jesu sastavni dio našeg života što ne znači
da su braća, svi u sebi i jedno i drugo nose,
a to opet ne znači da se trebaju za svaku
manju nesuglasicu igrati rata!!! Igrajmo se mira,
pokažimo se kao igrači dostojni većih igara od pucanja
jedni u druge, nek mir u cijelom svijetu zasvira,
pa da nam se zeMlja ori od ljubavnih pjesama!!!
Volimo se, a ne ratujmo,
braća smo i sestre svi od krvi i mesa,
sve što vidimo oko sebe kao sebe volimo,
samo tako ćemo dotaći nebesa!

Momenat za „Društvo Živih Pesnika"

Negdje na nekoj sredini ili na margini
počinje utakmica sudbine (kao zanata duše)
i života kao generalnog (idiota)
Ta moja prva pjesma nosi ime "Momenat"
sad kad se vratim na nju
vidim veliku pobjedu zanata
na gostujućem terenu,
to je bio baš taj kad je stao kazaljkasti sat,
umrlo je sve idiotsko u meni u jednom jedinom trenu
Kriza srednjih godina koju bih opisao
više kao priliku za još jedan vedar posao,
mnogi od vas znaju šta je u stvari prava istina,
u toj krizi ja sam sebe u "Momentu" našao
Sad evo rintam dan i noć (za džabe)
za dž što bi rekla današnja mlada strana
svjesna svoje namijenjene sudbine,
nema veze od njih sam i naučio da je lijepo kad svi za dž rade
(rođeni smo za džabe, živimo u sredini za pare)
postajemo vrhunski majstori svog zanata
kad nam se sve naše besplatne želje ostvare!

Mrak

Svijet ovaj naš mali
kuca na vrata pakla
ni svjestan nije šta
ga čeka ako kucati
nastavi i ovo malo
svjetlosti postaće
dio mraka, ako
kucanje do
kraja obavi!!!

Nafi

Molim te budi fina,
ne daj da u mene svako zine
ti si ipak samo pjesma,
znam da trebaš biti slika istine,
no meni se ponekad čini
da koliko si takva
nisi tog' ni svjesna!

Najveće

Nije duša znanje
niti je imanje,
kao što se ovo prvo,
a i drugo poima,
ni šta više, a ni
manje,
to ti je
Bogom dato
blago u grudima!!!

„Naše će sjene hodati po Beču, šetati po dvoru, plašiti gospodu"

Koliko god nam je za ovog života potrebno tijelo
tako isto je i duša!!!
Bit našeg postojanja nastavlja živjeti, tako da znate,
kao što je znao kolega pjesnik koga zbog tog mučiše.
Gavrilo, svaka ti čast! Da si bio Amerikanac bio bi najbolji,
ti ne htjede ni Austrijanac jer srce Balkan voli!
Minut šutnje u pomen na gospodina Principa!
Niko zapravo od nas ne zna gdje će i kad završiti,
tijelo je svačije ranjivo i može pasti svakog trena,
šta dalje biva ni to niko ne zna,
on je odlučio do zadnjeg pjevati - isto kao da je znao
kako će posle njega vječno živjeti mu sjena!!!

Ne klepeći nanulama

Pjesmu cvrkuće,
poezija i jeste Bog
stihnu ptica,
zajmi mi Bože cvrkut
za sve buduće
da ne gledaju ispod
sebe smrknuta lica
I Bog zapovjedi,
ptica cvrknu sljedeće,
vedar čio u nebo gledi
bez pjesme više biti neće
Sleti sleti lastavice
ko Boga te molim,
daj nam svima pjesmu
ona Boga voli
I tako to sve bude i prođe
Bog, ptica i pjesma
svijet promijeniše svakom
i tebi na rame će da dođe,
čitaj od Boga preko
ptice kroz pjesmu,
upravo kako ovdje piše...
klepet, lepet, epet, sve pet, pa et.

Ne vrijedi

Ne vrijedi iako je
vrijedjelo,
sjedi na gredi
malo mače pokislo
Ne stiže iako je stizala,
venem u veni
kroz koju me je dizala
A baš je vrijedjelo
iako nas je povrijedilo
to što smo stizali
kad je noću padalo,
mačići su puzali,
da bi jedno ostalo
na gredi da sjedi,
jer više ništa ne vrijedi,
iako je prije kiše sve zaista
vrijedjelo!

Ni minut prije kraja nije kasno

Bogat ću biti kad ostanem bez igdje išta
materijalnog, materija je čudo koje nosi
grijehe ako se pravilno ne upotrebljava,
dok opet dušom vlada Bog,
ona i posle smrti ispravljati
naše grijehe nastavlja.
Oprosti mi Bože za sve moje,
iskreno se kajem!!!

Nije li tako?

„Ljubav nije gajba jabuka"
izreka stara glasi,
to je jedna mnogo složena nauka
koja će nas od propasti
da spasi!!!

No sikiriki

Pjesniku ni sjekira u čelo ne može ništa,
on pjesmom skiči i posle raspaljotke!!!

Živim kao svinja pod sjekirom,
čekam da mi čelo razvali i po mogućnosti
da ne skiknem,
pa kad mi tragove zatrpa neki novi žir,
probaću iz truleži u hrasta ili bukvu da niknem
SJEKIRA KAKO GOD OKRENEŠ!!!
Skičim prije nego me tresne,
svejedno će jednog dana sva ova svinjarija
što je nazivamo životom da umukne,
iako je sve baš ovako kako ova priča veli,
ja i sekund možda da me raspali
još uvijek pišem pjesme!!!

Njuška i kruška

Misli su moje plod varenja strahova,
kosa seda znak upozorenja starenja
Pjesma je moja plod
varenja i starenja,
kruška iskrivljena
od misli i sijede kose
pjevam dok me
stihovi slobode nose
u kap vječne rose
Zašto kruška?
Zato što je iskrivljena,
krivina ispod koljena
gore je bila voljena,
pa se prepala
starosti sijede,
misleći da grbave kruške
kad ostare ništa ne vrijede
A zašto moje sijede?
Zato što sam pod njom
osijedio čekajući
da padne na tjeme,
pas doneo njuškom
da iz mene pjesma krene...
Sad pjevam jer se ne bojim,
grbava (kruška) i (glava) sijeda
od straha slavu krojim
da me ispod grane
sa konopcem svijet ne gleda,
tačnije, „Viljamovka"
u početku sam mislio da je „Stomaklija"
Ma nema veze što kaže moja baka
nek nije neka psovka,
posle će krivina da zasja u sred mraka
na vatri nekih drugih strahova,
kad smrt zadrma preko plovka
nestaće znakova
U ime kruške i moje slobode
preko vatrene vode
zaslugom njuške

nek me mrtvog
pjesme kroz krivine vode…
Dok sam pisao ovu pjesmu
strahovao sam da se ne napijem,
ispade da sam se olešio
kao pravi mrtvac.
Iskreno nemam pojma odakle mi u ruci konopac
mora da sam se tješio
u strahu da se ne ubijem,
da sam to htio bio bi oko vrata,
kao gram suvog zlata
što sja ispod misli
da bi se posle pjesme
otrijeznili čisti,
i još čišći ako priječe u naviku!
Napio bih se još više al'
nemam za hljeba u novčaniku
(imam samo sliku)
Zubar slikao zubalo
kaže: smijem samo kruške
i to da budu mekane,
odlučio sam neobješen
i gladan da priječem na muške stihove
prije tamo neke sahrane,
ova mi je pala baš sa te grane…
Po sred sijede uoči subote,
75 godina prije još jedne stote
Zlatna bez hljeba
ispod kruške,
pas lutalica zabrinuto gleda
preko tužne njuške…
Psi su kao i ljudi
samo što nisu ludi
da pjevaju,
Baka je govorila
da oni kad nemaju
ništa pametnije
radije zijevaju
ili drijemaju
Ja sve to… Pjesnik razočaran
tužnim psećim njuškama,

pišem o svemu kao da je sve moje,
pijan i lud naplaćujem pogrešan trud
radi hljeba ispod slobodnog neba
A zašto pišem?
Pa iskreno nemam pojma,
ako nije zbog kruške i njuške
onda je kako reče moja baka
što valjda tako treba (ne treba)
Nemam pojma malo sam više popio!
(možda da bih se oslobodio straha prije nego mi ponestane daha)
da bih lakše sijede crnom zemljom pokrio
Sutra prelazim na šljivu
kroz gljivu na čitanje
He! Moj njušak je već otišao na spavanje!
Inače pas iz ove pjesme zove se PUPI
al' on sad spava jer ga od mog mamurluka
posle Kruške i Njuške boli glava...
Ja ću još jednu,
pa nek ide sve tamo gdje je i krenulo.
Ajd živjeli!

Od danas do sutra

I ako postoji još koji sa ovim neće ništa imati,
osim što će biti po svemu kontra, ovaj ja pogonim
do te mjere da ne dozvoljavam vremenu
brzinu štimati, živim bukvalno tako,
od danas do sutra
Jedno je sigurno, ko god se rodio i umrijeće,
ostalo sve je varljivo dok se ne umre,
ko se nije rodio ni umrijeti neće...
Vrijedi vjerujte
mi da se umire posle i hiljadu puta,
jedan po jedan za pjesmu stiže stih,
duša po mnogim pjesmama luta
A možda je samo jedan?
Neki tvrde da je tako, neki da
ih se živi više, odgovor sa moje
tačke gledišta gledan,
najiskrenije, ne znam,
piše – pa sam ovom kao
glavni pokretač njegovog
tocila, veoma predan!!!
Kud da okrenem kolo života?...
...i naprijed i nazad opet će stati,
rodio se, umrijeću podjednako isto,
čovjeku je malo jedan život da
ga živjeti shvati...!!!

Opušteno

Opušteno prilazim
iza leđa ti stojim,
na tebe ću da pazim
pjesmo dok postojim
Posle nek ti drugi prilaze
i iza leđa stoje,
na tebe će da paze
kao na nešto svoje
Nit' si moja, nit' njihova,
naše samo bješe da na tebe pazimo,
ako nije hoće i tako kad tad biće,
istina je jedna ispod milog Boga,
ko pazi na pjesmu
čist do njega stiće!!!

Pa i guske

Ni guske nemaju baš nešto puno mozga, ali ne pucaju
na druge koje imaju poneko pero da njihovom nije slično,
nisam ih čuo, bar ja, da ni zlobno gaču,
nadam se da ćete uhvatiti bar koji gram duše
ovom pričom pa će od sreće, a ne od straha
sva djeca na Balkanu da skaču...omogućite im to!!!
U ime sve djece na Balkanu, stanite, jer ste u gram
guščijeg mozga, pa i njene duše isti,
da nam svima bude mir
to bi od svega trebalo biti važnije,
a ne da li se neko klanja, križa ili krsti
Braćo balkanci tako ste mi svi isti
kad pričate o drugom kako je taj zao,
svi nabrojani i ostali loši,
kad o sebi kao da više ni jedan na svijetu
ne postoji čisti, jer samo je vas Bog najčistije dao.
Vijekovima ruke krvave, još jedan nastavite
i cio Balkan ćete srušiti do kraja,
ako ga već niste dobro potkopali,
milo vam je da na njemu se trese
sva balkanska raja pa i vlastita djeca (zaista monstrumski),
najmilije bi vam bilo kad bi jedni
sami na njemu od gore nabrojanih ostali,
duša kapaciteta ravna mozgu jednoj guski,
da i njega imate koliko ona
možda bi već odavno svi u miru pjevali...
Barem djece, ako se
nikog ne stidite, nek vam mir bude stanje najpreče,
jer samo tako ćete sve od Boga da vidite,
osveta, mržnja i riječi
od kojih drhte svi na Balkanu su još jedna od staza
puna oštrog trnja posle kojih neće ratovi da stanu, nego će se
nastaviti dok se ne istrijebimo pa će na naše mjesto da dođe
Bog i zaključi kako je sve bilo uzalud,
njega ne možemo da pobijedimo niti da ubijedimo
kako smo od onih boljih, a nismo dobri,
niti može drugi neko da utiče na njegov sud,
jer on zaista podjednako sve na svijetu voli!!!

Pijem iz svake

Komotno za našu ljubav
mogu reći da je izlapila,
kao vina čaša napuštena,
zbog preranog odlaska
sa slavlja,
nismo kako Bog zapovijeda
ni sjeli, zdravica krenu
uču samog kraja
Onda smo se razišli
da vrenje lapi,
dok su me stizale sve druge
čaše nijedna me naša nije stigla,
prerasla bol vremenom u flaše,
duša posta čep koga rodi gljiva
I tako se zaboravi grozd crveni,
izlapi sve što bi se lijepo
trebalo reći jednom
pjesmom što vri od ljubavi,
naraste komotan razlog pa i golemi
da se bez nje million tužnih
slavlja napravi
Kad sva takva proslavim
napisaću jednu o vječnoj
koja ne lapi niti se pije,
sve je u njoj samo vino nije,
pa se do nebesa bez
prestanka slavi
ni blizu neće biti ove
komotnije što laže
vas, pa i mene
da je sve izlapilo,
dok je usne po svim
čašama svijeta traže!!!

Poezija je život

kažu kako je poezija gubljenje vremena
kao da se od nje treba nešto očekivati
a možda nam bez nje spasa nema
ako se ne budemo bavili njom
u doglednije mogli bi
kao nespašeni
ostati ...trošite ga na život, on je poezija!!!
Neko gubi
neko dobija pa se
ne veseli dobijenim jer
od prokletstva da ima više
od onoga što mu ga Bog dao
se vremenom izgubi i ostane,
opet u gomili nespašenih za koje se
gubi svaka nada da će ikad dodirnuti dušu
poeziji, i ne gubiti više vrijeme na nepotrebne stvari

Poezija o ljubavi

Vjerujem u ljubav...
ne u bogove kakvim se danas predstavljaju,
bez nje ne postoji ništa pa ni on,
iako stvarno mnogo toga ima u
njegovoj bašti,
svi koji su nju upoznali
to vrlo dobro znaju.
Ono što nam ljubav može dati
ne može zaista niko i ništa,
valjda će i ljudski rod
to konačno da shvati,
pa da nam se već jednom
dešava dobrog svašta.
Nije to samo moja opičena
mašta, stvarnost je da je tako
samo to mi još ne shvatamo,
sa njom stiže i božija bašta,
pa više o dobrome
nećemo samo da sanjamo
i maštamo... Biće stvarno tako, a dobro. Znam
da je to još uvijek ljudskom rodu neshvatljivo,
nije važno uopšte kojim se kunemo ili ne,
bitno će samo biti da se voli, i tako
sve što mrda i dok je živo! Nema veze i ako
mi život bude čisti promašaj zato što vjerovah u nju,
svejedno kako god okreneš stiže nekakav kraj,
a ja ne bih volio da kažu kako
mi je život prošao u snu...
U stvari, baš me briga šta
će ko reći, kad vrlo dobro znam šta može ljubav!
(BUDAN SANJAM! BOŽE, HVALA TI)...
Ti što vas vode ka nekakvim podjelama
su korijen naše sveopšte propasti,
Bog je sasvim nešto drugačije
od ovih zamišljenih što ih predstavljaju
nacionalnim i državnim značkama,
pa najbolje još da je na čelu neke stranke.
Ljubav stoko božija! Kakve vas bolan snašle
nacije i države pa to su okolci za krvožedne zvijeri,

od vas prolaznost kroz njih takve pravi,
na kraju kad stigne smrt i sjede za vrat, biće,
kao da niste ni sanjali, ni živjeli,
za ne povjerovati je, al' šta da se radi,
ljudotinje mrze i vjeruju kako će ih neki odozgo spasiti,
bez ljubavi iz ovog pakla ništa nas ne izvadi, ponavljam,
valjda će ljudski rod već jednom to shvatiti!!!

Poezija

Bez ljubavi mi zapravo ni ne postojimo!!!
samo plačemo nad svojom sudbinom...
U ovom sam se životu zaista naplakao,
više mi ni suza ne smeta otkad
poezijom skrašavam sudbinu,
barem znam da sam zbog pjesme postao
kojom ljubav poštujem kao jedinu istinu!!!
Čovjek većinu života provede nesvjestan
zbog čega zapravo živi,
rijetki su koji ga većinu
baš svjesni budu
i uživaju u svojoj namjeni,
otkad pišem pjesme svojoj se
sudbini divim,
nije mi više teško to što
sam ranjiv i podložan zamjeni
Svejedno jednog dana neću biti,
kažu kako pjesnici pišu pjesme
samo da bi sebi kupili besmrtnost,
naprotiv, ja ću kao i svi drugi
na kraju ili početku neke pisane umrijeti,
ono što bih prihvatio za nagradu
za svoje pjesme dovoljan bi bio
i od Boga oprost - što čim sam se rodio
nisam počeo pjevati, a ne plakati!!!

Ponekad

Ponekad pomislim da će nebom
opet naša zasjati,
al' to je samo ponekad,
kad me sjećanje
do tebe vrati,
pa ti posvetim pjesmu
Ponekad pomislim
da te nisam ni prestao
voljeti,
al' i to je samo ponekad,
to što čuči u meni ostalo
posle tebe
ni Bog sam
ne bi znao opisati
Sve je stalo u to malo
ponekad što mi te sebi zove,
valjda će tako biti dok
te srce zauvijek ne bude
voljeti prestalo,
međutim to nije
ni pjesme ove,
volim te isto kao
da još ni jedne ti nisam
napisao.

Pozdrav iz jedne takve...

Ne čudim se vlastima novonastalih državica od propale bivše.
Zašto bih se čudio? Njima je dobro da ne može biti bolje...
...čudim se nadrljalim Jugoslovenima jer njih je mnogo više
od tih što vladaju njima, a ipak ih biraju i dušom i srcem kao da će ih ovi
kao svoju djecu da vole - sami su ih da nesreća bude veća!
Ja nisam, niti ću. Da ih cijela bivša nije e to bi sad već možda
bila neka, dovoljno rečeno da se vidi koliko su promašili,
pa od jedne dobre dobili smo mnoge što se od sve svoje sreće
još uvijek hvale kako stižu iz eks-YU!!!

Rasol

Zapad preko Balkana soli istoku –
mi ne znamo koja bi bili strana,
uglavnom smo im svima trn u oku...
Pa kopamo li kopamo, i za jedne i za druge,
samo nikad za sebe. Šta da se
čini kad smo takvi, po tri dana mamuramo,
život jadan kao i drugi svaki, tačnije,
uz šargiju bez žica tamburamo.
Nekad smo važili za markirane, a pogledajte nas sada.
Utuvite sebi u glavu – LJUBAV BALKANCI!
Balkansko poluostrvo se podijelilo na mala
ostrva, kao da ga je opet zalilio more,
uvrtili nam zapadni u jabuku crva,
pa se preko nas sa istokom ne vole.
Dvije tri riječi od mene i za lavove u džungli – Mis sa Balkana
poručuje, da ćemo za koji dan riješiti problem šarenih vijenaca
što veselo mašu kao razne ambalaže iz korita rijeka,
Balkan domaćin ludilu bez lijeka, čeka spas od stranaca...
He, ne mogu, a da se ne nasmijem, i to grohotom!
Volimo se bez rasula,
okolac bez ljubavi, u okolini i šire,
SO-DA-SO TUZLA – da nam je nije ni kisela
kupusa ne bi imali (da se pita zapada)
iako je Balkan krava koja od ratova ne dobi vrijeme
da bi se muzla, može me svako da izvinete,
ako ovako đavoli od nas ne budu ubrzo postali.
Prijeki lijek kad mi se zgadi
ovo stanje oduvano i ogoljeno
u cijelom regionu, pa i šire,
da čovjek od sebe ne zna šta da radi,
umjesto da voli on saljeva, dok se ne oduzme!!!
Pustite prazne priče, nikad nas rane neće
prestati dok ne zavolimo sve ono što nam
je Bog podario, ako budemo pjesma
svakom stiće, na nama je da izaberemo
prije nego se bude pojavio, a hoće,
nije prazna - kaca od kupusa!!!
Mnoge godine ljubavi prema pjesmi,
a ni minut mira na ovoj vjetrometini,

kao da jedno veoma bitno kasni
da bi se smirili koju stotinu,
a najgore od svega, što je tako?
Niko ne zna da objasni!
Pa bih želio kazti:
ni minuti, ni godine,
nijedno vrijeme ne liječi
rane zauvijek,
za sve naše bi trebale stotine
ako bi i tada našle
svakoj napaćenoj duši na Balkanu lijek.
Prihvatio sam već odavno
takvo stanje kao svoje,
ližem rane pjesmama da
manje duša boli,
moram stići
kako znam i umijem
tamo gdje se svi vole,
lijek mi ponekad
bude i zrno soli...pa naravno
tuzlanSke, neću neku stranu,
dušom dok postojim
varam vrijeme i
pjesmom uživam,
nisam mis, život uistinu
volim, pokazujem
tako što kad me najbolnije
raznose ja uzmem pa pjevam.
Moram, htio ne htio,
nosim ljubav malenu iz mnogo života,
stiže drugi ovaj će ubrzo biti – nekad bio,
svaki za sebe živi
svoju namjenu.
Pjesnici su vijesnici
ili ludaci iz vijesti,
budućnost je neizvjesna
jer nas liječe od pogrešne
bolesti... šlag na tortu,
pogrešnim lijekom, kao da ne postoje
ni ljubav ni pjesma.
Neka boli, idemo zacijeliti sve rane

zauvijek, samo ljubav to radi trajno,
pjesma o vječnoj najbolje pospješuje lijek,
pa će da izliječi bolest svake duše, i to tako sjajno…
Kao rasol mamurluk!!!

Ružonja i Garonja

Savremeni robovlasnici!!!
(inače su gori)
I preko mrtvih gaziti,
mora se stići do cilja,
dželati ne znaju niti
hoće paziti, tako ih
zovem od milja!!!
Omogućimo da stignu do željene destinacije,
ni kad bi svo zlato svijeta pokupili ne bi im bilo dosta,
nesvjesni životne inflacije, jer misle da ne umiru,
gaze leševe ne pitajući da li to možda nešto košta... mislim da bi najradije da
ne košta ništa, pa da im zaradimo pune džepove i sebi za sahranu,
dao Bog, pa svi na isto mjesto stižemo posle ovog robovanja ili likovanja,
to što misle da udebljaju završi u bezdanu. Vidimo se sa druge strane ove priče, svi zaista ćemo tamo stići bili robovlasnici ili robovi,
kad smrt uhvati tijelo svo zlato iz džepova izmiče,
to što se trsilo i bucalo, odvuku u rupu grobljanski volovi!!!

Sanjao sam te

Sanjao sam te jedno veče
mislim da to bješe u petak
u snu si dodirivala drvo sreće
dok je meni iz oka izvirivao metak
Svaki put kad bi ga dodirnula
pogledala si u mene i plakala
iznad tebe na grani je bila plava ptica
na svaki tvoj dodir krilima je mahala
U krošnjama je bio okačen dukat
sve grane okićene zlatom
dukat se klatio kao da je mjerio vakat
dok si ga ti očekivala za vratom
Opalio je metak iz mog oka
ubio sam te ljubavi moja
ostala je na tvom mjestu žuta lokva
i kap ptičijeg plavog znoja
Probudih se tad, klatio se stari sat na zidu
ja više nisam bio mlad
pretvorio sam se preko noći u zlatnu gnjidu,
gledajući dukat i njegov pad
Pucao sam u tom snu na tebe
možda je to bio metak da te spasim,
pa sad kad zaspim grizem skupo ćebe,
a snove pre spavanja sve ugasim!!!

Stoka koja ni sopstvenu mater ne poštuje

MAJKO ZEMLJO, BAŠ TI HVALA-
U IME SVIH NAS, NAS BUDALA!!!
Malo je puno koliko smo normalni!!!
Crvi obožavaju kad im posle
obroka od ljudotinja ostane i kolac,
da imaju čime čačkati zube!
Mi ljudski stvorovi, kakva smo stoka i zemlju bi raznijeli
u sitne komade da možemo, čisto da znaju svi oni
što šire mržnju, a kunu se u nekog od danas nam popularnih bogova,
kako im se već oštri, svakim danom sve oštriji i oštriji,
pred pravim (a On je za sve isti) kad na istinu budu dolazili
neće moći sakriti rogove,
crvi će svakom od nas
na isti način da oglođu kosti!
Boriti se za opstanak Ljubavi i Poezije
u vrijeme kad planeti Zemlji
prijeti već treća svjetska
prilika u zadnjih
sto i kusur godina
za uništenje
nije nimalo lako,
da ću se za njih
boriti svim snagama
mog duha i tijela
neka znade svako...
Dok je Zemlje i na njoj
mene Poezija postojaće,
obećavam ti Bože,
ko me bude čuo
da smo tu zbog
Ljubavi znaće,
pisaću je i kad bi mi oderali
ovo (TEKEEE) moje kože... sve za Ljubav!
Zaista je ljudski rod jadan
kad se izjasni kao spasilac
svijeta koji živi na ovoj planeti,
u prsa đavola bagremov kolac
da umre neće mu ni to trebati
ako svi u ime Boga da se nastavi

sveopšti vrtlog zbivanja
naučimo pjevati... Samo tako se možemo
izboriti da se spasemo, zato se i borim
u vrijeme kad je opet prilika za
uništenje planete Zemlje
da opstane Poezija, ona će da oživi Ljubav
i planeta Zemlja će da nastavi vrtlog našeg postojanja
do sveopšteg spasenja. A šta će da bude ako
ne upotrijebimo Ljubav i Poeziju na putu ka tom što smo umislili da
ćemo mi obaviti i sve nas spasiti?
Zemlja će zasigurno da se vrti, za to ne brinite,
za vrtlog sveopšteg postojanja zadužen je Bog,
mi smo za te rabote mali, nismo čak još ni jači od sopstvene smrti!!!
Pa biće to da ćemo postati ti kojima će se zabijati
u prsa kolje jer da bi smo postali ANĐELI
nećemo nikada moći ako ne naučimo pjevati,
a život bez Poezije i Ljubavi je jednako mržnja... pa ako
je već ta priča kako spas postoji onda idem
do kraja, pa i ne bilo ga, bar ću da se naživam pišući pjesme!!!
Zezam se, naravno da postoji, treba samo da se naučimo pjevati, a to ćemo moći ako
se prije tog usavršimo voljeti, poslije čega će da nam se ori cijela!!!

Super

...jednog dana ćemo da se stidimo ovog ljudskog rasula! Živimo u raju, a stanje kao u vatri. Što je bilo prije trideset godina pakao, sad je pravo dobro. Ja se zaista stidim toga što Balkan nije složan, pa da ujedini svijet, a to sad može, ja ikad, u bašti sljezove boje bukov list, nikad na njemu više da ne bude rat. Kako na Balkanu tako i na cijelom ovom dunjaluku. Pomogao nam Bog, draga Braćo i Sestre pa da tako i bude. Ne vjerujem ja u ta čuda, iako mu se svaki dan ovakvom molitvom molim... Kakvi sveti oci, sam sam je sebi smislio, danas su ti takvi oni što bi i pravog smaknuli. Ti su nas i doveli do ovakvog ljudskog rasula. Samo da su oni face, ostali iako ratuju za njihovu glupost, neće mu reći stani jer su ga jučer izabrali. Da, baš oni, tako da, ne kritikujem, nego pozivam na jedinstvo i slogu!!! Jer ovo kako ljudski rod sad živi, zaista je za ne postidjeti se nijednog pakla.Čak postalo i normalno. Rečeno bolje, sa našim nedaćama nema veze Bog, nego mi sami. On je na strani ljubavi, i samo kad smo njom ispunjeni komuniciramo sa najvećom facom na, opet ponavljam, ovom našem dunjaluku. Ne treba postati svetac da to spoznaš, nego čitav životni vijek upoznavati ljubav. Ako je ne dijeliš sa drugima oko sebe, nisi je spoznao ni jedan djelić, stidimo se ovog našeg rasula, volio bih da je sutra taj dan, iako je pravo vrijeme da se baš danas postidimo što nismo ništa do sada u životu uradili po tom pitanju. Nećete vjerovati, još nam nije kasno, dovoljno je samo da se okrenemo u kontra smjeru od ovih presvetih koji lupetaju kao Maksim po diviziji, ljubav prema cijelom Božanstvu i nema prestanka dok svima to ne bude jasno, tek tad si učesnik u božijoj misiji. Do tad se paklimo kao paklo od cigara, šesti mjesec kako ne pušim, noćas sam sanjao kako palim tri odjednom... brrr, naježio sam se sav, jebote. Super!!!

Sve dok dišem!!!

Skratiću da jasniji budem,
sebi bih bio takav ako Bože smijem,
star isuviše da me nose zablude,
nije više vrijeme da istinu
moju ni od koga krijem,
Volio bih da mi kažeš u lice,
skrati kao i ja što ovu kratim,
pjesma je za tebe kao i za mene
već odavno stvar sitnice,
da je sve od tebe
dugo mi to trebalo
da shvatim
A to što mi je još uvijek nejasno,
skraćujem da ne ponavljam,
evo pa stiže kraj, za pjesmu
jel' bude ikad kasno,
vrijeme kad bi trebalo
pero i svesku pod jastuk
da ostavljam,
ili se one pjevaju i
kad isteče sve moje
koje mi daješ da ih pišem???
Bilo kako bilo ponašaću
se dok sam živ
kao da nam silno te sitnice
obojici trebaju,
zasigurno Bože,
pisaću ih sve dok dišem!!!

Uvijek zvoni dva puta...

Ima neka tajna veza, tajna veza za sve nas...
ili nema, nego negdje u podsvijesti
živi želja da je tako, ljubav
u bilo kojem obliku je taj
naš traženi spas, bio svjestan ili
ne poezije u sebi, jednog dana
će da je piše svako, al' baš,
polako, dok svi zavolite... pitaću vas ja
kakva to i kome pišete pisma?
Ne bojte se, tek onda ćete da živite
jer život zapravo i nije ako
od njega nema materijala
da nastane pjesma. Smio bih
se u svoj okladiti kako takav
ne živi ako iole zna šta znači riječ,
ili su to već dvije:
volim te!
Neću više da pišem njoj
daleko je, a i više nema smisla,
kad joj pišem nisam ničeg svjestan,
tako da ću da zaboravim na ta pisma.
Moj je život pjesma
neću ti više draga pisati,
zaboravi i ti na ta pisma,
odsad ću ti dok
me smrt ne prekine
samo pjevati, o tome
koliko te još
puno volim
iako si daleko,
a koliko je to
nikad nećeš biti
svjesna... da ljubavi,
bila si i bićeš
moja pjesma,
to što te život
daleko od mene
ostavio vratio
mi je tako

što kroz stihove
ti pišem pisma.
Nesvjesni dio nas govori o nama najbolje,
bio pjesnik ili ljubavnik ista je svrha,
u današnje vrijeme mržnje
ljubavne se mnogo i ne vole,
i jedni i drugi tu famoznu riječ, ili dvije: volim te -
koriste samo da bi stigli do vrha... svjesno tvrdim
kako ni nesvjestan ne mogu reći kako ne volim
tebe i poeziju, stihom u sjećanjima živim,
iako si daleko ja ću barem za pjesmu da postojim,
bilo kako bilo, do kraja vjeran istini
p.s. volim vas baš, baš puno... obadvije bez razlike,
da li sam svjestan ili ne ovog sad što pišem,
kao potvrdu istine na kraju ću da stavim uzvičnike,
još uvijek nekom tajnom vezom,
i zbog tebe dišem... A ona je pjesma,
nisu to pisma, da neko ne polupa lonce,
znam reći ćete kako ona tog' kako je daleko
nije ni svjesna, nema veze stih
ovaj na kraju će da kaže kako je njeno još
uvijek svako što napišem
slovce. Čak i kad trebam potpisati
poštaru neku pošiljku, znam započeti
onim koje započinju njeno ime,
jest da je nema nigdje na vidiku,
ljubav je bila i biće
jedino naše pravo
lice istine... preporučeno!

Valja, al' malo sutra

Valja se kao za otadžbinu život dati,
a ona nam na babinama bila sa
upotrebljavanom pelenom,
od malena po nama počinju srati,
skoro pa nikad se ne ponosimo
granom zelenom
Kod nas na Balkanu tako traje evo
već pedesete gazim, napominjem da
naučih lekciju za sranje se
ništa ne daje,
budnim okom svaki pokret
njihov pazim
I ovog puta kao i uvijek
biću velikodušan,
pa to spominjati
neću ništa, što sve
ove novopečene
države zaslužuju, izgorela stara
od kakvog nam je brašna
i nove će, darujem dušu
kojom moje pjesme Bogu
poručuju
Oprosti im ne znaju šta rade,
za oprost od njih traži mir vječni,
svačije dijete
zaslužuje pelenu da imade,
a ne samo oni što su
kao rodili se srećni... pa ili imaju,
ili poznaju, podjednako ničeg
se ne bojim, spas stiže svakom
kad iz njega pjesme nastanu,
ja ih iskreno više nego svoju državu volim,
zapravo je i nemam!!! Izgorjela.
I vjerujem, i vjerovaću
kako griješimo ako mislimo da slušajući
njih koračamo u bolje, ako nije tako
ja evo Bože do smrti staću,
neću zapjevati ni ako padne tijelo moje.

Vječno!!!

Plašio bih se ponovo biti sretan kao što sam bio
iako mi jutra posle tebe izgledaju sad
mnogo jasnija, kad život okrutno gazi moje biće
ja bježim tamo gdje bih te snio,
i dok je mrak padao nama je bilo,
baš kao da sviće
Okrutno se odnosim prema sebi
tako što davim osjećaje koji bi me možda
bijede od ovog života mogli spasti,
okrutan sam bio i prema tebi,
razlika u ta dva slučaja što mi tad
ti koji su nas spajali
nisu bili baš sasvim jasni
Sve je bilo kao jutro u magli,
mi se tek probudili, život bi da
leti, svi pokreti što nas
jednom drugom vodili
bili srcu dragi, još me ono
puno boli kad
se svega sjetim
Pa kad ga na sekund utješim
vidim kako okrutnost pobjeđuje,
svjestan da te još uvijek volim
nastavljam da se samopovređujem
Tako što osjećaje podavim
kao mačor nenaspavan
u lastinom gnijezdu ptiće,
bezosjećajnost bića slavim,
da ne vidi više nikad
sreće... znači mjau!
Kad otvorim kapke a tebe nema
niti ćeš biti, jutro
miriše na život, a mene neće
nikad više tvoje usne buditi
Ne vidim razlog zašto (ne) bih nastavio?
Davi sve da ni jedan ne poživi!!!
Nikad neću! jer znam,
kad do sad' te nisam zaboravio,
vječno ćeš u meni da živiš!!!

Vjerujem da bi

Mi ljudski stvorovi više ne
vjerujemo u ništa,
bez ljubavi prema Božanstvu
cijelom čovjek je samo
malkice bolje obučen skelet,
a kad bi voljeli
i dušom i tijelom
imali bi od Boga svašta,
pa bi nam život bio lijep.

Vodimo ljubav, a ne rat

Ahahaha, ljudi se još igraju rata,
al' se ismija majko moja mila, moš' mislit pogreške,
proživiš život i ne spoznaš jednu banalnu stvar
koja ti je uvijek pri ruci bila, mi uzeli puške umjesto
da se volimo, pa mi smo ti ljudotinje takvi
da još ne znamo ni otkloniti
na brzinu iz kose vaške
kad nas spopadnu buve,
a rješavali bi ono
što je Bog sam zapometnuo,
prava pravcata slika
duhovne sirotinje !!!
Hoće malo morgen, ja sam svjestan!!!
Stiće i poslednji dan postojanja ove planete,
a mi nećemo biti svjesni kako je sva svrha
zapravo u ljubavi bila, njeno sam na Zemlji
dijete koje život provodi u pjesmi, osjećam
se ovako malen kad sam u poeziji
kao dva velika diva, stiže na zemlju uskoro
i sam Bog lično da to potvrdi! Ljubav!!!
Neizmjernu sam spoznao pišući pjesme
koje će posle njegovog odlaska svi pisati,
kad sam sa njima naoružan niko me ni porijeko
pogledati ne smije, bez barem jedne dnevno
napisane neće znati niko disati.
Itekako svjestan da će
doći, i kad bi mogli živjeti vječno
opet bi i tome morao doakati kraj,
nije poenta u tome da se čitav provede srećno,
kako je ljubav tvorac poezije života
ja to znam i znam da takav oblik
sreće jedini traje vječno!!!

Zajedno

Zajedno smo jači!
da li ta rečenica
u ovom tmurnom vremenu
ikom od nas dvoje
nešto znači,
ili smo daleko i ja i ona od
ijedne riječi te famozne rečenice,
pa smo umjesto nje kompletne
negdje u ćošku sami, mali
i nejački?!
Zajedno smo jači!
zaista je tako,
meni još uvijek ona
ponešto skriveno
od ovozemaljske sreće
znači, nisam još bez nje
baš siguran da stanem
na vlastite noge
iako je još jedna godina
prošla kako nismo zajedno,
jer volio sam je zaista
i mnogo i jako!

Živ sam, ali ne dišem

Sve je dobilo smisao
kad sam upoznao sebe,
jednom prije živ nisam disao,
zapravo, upoznao sam sebe
kad sam sreo tebe
Sve je trajalo dok je izgledalo
da ima smisla trajati,
bili smo kao ljepotica i njeno ogledalo,
po cijeli dan si znala ispred mene stojati,
Onda je sve izgubilo svaki smisao
ostao sam polupan na sitne komade,
jednom prije živ nisam disao,
sad evo opet to za mene drugi rade!!!

Wau, wau

Ljubav,
pa da i psi promašu sretno repovima,
a ne da ih lovci još uvijek sijeku za poene.
Do prije desetak godina se tako na Balkanu radilo,
jedan za rep od psa lutalice. Ne znam kako
je sad stanje, da nije izašlo na dva?
Iz obzira za sredinu koja samo nešto sakuplja
stane pseće srce, lud je čovjek zaista
i kad nije mijena! Bio i ostao...
još uvijek ih ubijamo, a očekujemo
svevišnjeg da nam kaže zbog čega je sve
ovo postalo! Zbog nas ovakvih nije sigurno!!!
I što je najgore od svega, sredina vodi ka
tome da i sam u to povjeruješ, ma more
marš tamo, stoko jedna, kakav vas poen snašao.
Ali da čovjek ne povjeruje, na Zemlji se još ratuje.
sa predumišljajem kako se tako spašava svijet
od propasti, ovako ćemo da propadnemo
na takvo dno da i ako bude postojao
Bog, neće nam biti pomoći,
tačnije, ni on nas neće moći spasiti.
Zbog ljubavi smo tu, a zbog nepoznavanja iste
tu gdje i jesmo, jednog dana ćemo se svi
ponositi pjesmom, pa će doći
kraj svakom zlu, da, ljubav će nas
na kraju spojiti direkt sa
Bogom, bio ili ne, bićemo spojeni,
pa se nećemo zavaravati kako smo
stigli rodom nego da smo
zbog ljubavi rođeni
Jedni tvrde kako Bog postoji,
drugi opet kako su to prazne priče,
ja kao oni u sredini mislim
kako sve ovo zbog ljubavi fercera,
kad nju spoznamo i novo
će saznanje o našem bivstvovanju
konačno da nikne.
Mislim kako pisati pjesme
u današnje vrijeme nije nimalo lako,

to ne mislim
nego pouzdano znam,
brodim muke tako
što poeziju volim
baš jako,
bio bih spreman
za istinu o našem
sveopštem postojanju
i život da dam. Neko će
pitati iz sredine
ili ovih prvih
i drugih što tvrde kako su
to sve prazne priče,
šta ako je i to laž?
E, ako ni ljubav nije istina,
onda ne znam
zašto bi uopšte bio
ovaj život naš,
kad god se prepustim
ljubavi iz mene
pjesma nikne.
Kako nikne?
E kad bih vam rekao kako
svi bi ste rekli, pa čak i ja,
kako je to samo još
jedna ljudska laž,
jednostavno nešto
prekidač klikne,
pa ne zborim više ja
nego iz mene Bog,
On bi nam
i pjesmom da
kaže zašto
služi uopšte
život naš. Na sve moguće načine
ljubav, pa ćemo saznati
i više se nećemo zamarati
glupim pitanjima, da li postoji
ili ne, ovdje gdje
smo stigli time što nismo
još spoznali ni sitne dijelove

ljubavi to uopšte nije bitno, život prepušten
patnjama... šta da i postoji?
Još bi nas on svojom rukom zatamanio, kakvi
smo postali, bilo kako bilo ili kako će da bude,
važno je da dobro utubimo kako trebamo
voljeti prije nego išta drugo učinimo,
pa da već jednom kao ljudi
počnemo živjeti, inače, ovako
kako ferceramo,
bolje bi bilo da, i ne živimo.
Barem da drugima ne smetamo,
kad pogledam mog psa kako
me neizmjerno voli, shvatim
kako zaista ima onih
koji su već odavno spoznali
istinu i ne pitaju se
da li postoji Bog ili ne,
nego negdje iz sredine
nečega što se ni
pjesmom ne može opisati
mašu repom, i nas
više od sebe vole... majke ti
kako da ga ja sutra ubijem i odsiječem
mu rep da bi mi se upisao poen
u lovačku knjižicu? Da, baš tako,
nama ljudotnjama bi jedino
mogli ići u prilog to da
Bog ne postoji.
Postoji, i te kako,
samo čovjek to ne može
više vidjeti jer je prestao
da voli. Psećim riječima rečeno,
ne maše repom, nego
se knjižici punoj poena divi.
Da, zaista za ne povjerovati,
oni nas i pored toga više od sebe vole.
Nije to pseća, nego ljudska glupost!!!

SADRŽAJ

...!!!	3
A mi još uvijek sanjamo zlatna	4
Ali nismo	5
Balkanska Unija	6
Baš, baš ga je voljela	13
Baš ih volim pisati	14
Bez duše ljudski život vrijedi ništa	15
Bog	17
Braća pasuljaši	18
Crno na bijelo	21
Čast izuzetcima	23
Čekam te	24
Da smo znali zaustaviti vrijeme, još bi sanjali	26
Ekser	31
I kad je najgore	33
Istina	35
Jama	36
Jedan je Bog	38
Joj	39
pred ogledalom!!!	40
Kakav divan dan, a opet tuga – golema!	41
Kuc, kuc	43
Kuso	44
Lice od čokolade	46
Ljubav pod broj jedan	47
Ljubav	48
Medalja časti	51
Minut kao godina	53
Mir	55
Momenat za ,,Društvo Živih Pesnika"	56
Najveće	59
,,Naše će sjene hodati po Beču, šetati po dvoru, plašiti gospodu"	60
Ne klepeći nanulama	61
Nije li tako?	64
No sikiriki	65
Njuška i kruška	66
Opušteno	70

Pa i guske	71
Poezija je život	73
Poezija	76
Ponekad	77
Pozdrav iz jedne takve...	78
Rasol	79
Sanjao sam te	83
Stoka koja ni sopstvenu mater ne poštuje	84
Sve dok dišem!!!	87
Uvijek zvoni dva puta...	88
Valja, al' malo sutra	90
Vječno!!!	91
Vodimo ljubav, a ne rat	93
Zajedno	94
Živ sam, ali ne dišem	95
Wau, wau	96

ŽELJKO TOPREK
Deža vi

Za izdavača: Željko Toprek

Glavni i odgovorni urednik: Nikola Šipetić Tomahawk

Tehnički urednik: Vladimir RZ Protić

Ilustracije i dizajn korica:
Nikola Šipetić

Urednici poetskih izdanja:
Željko Toprek
Spasoje Komnenić Zis
Jelena Stojković Mirić

Čačak, mart 2016
Copyright © Željko Toprek

www.ingramcontent.com/pod-product-compliance
Lightning Source LLC
Chambersburg PA
CBHW031202090426
42736CB00009B/753